Succession de M. X***

SEPT TRÈS BELLES TAPISSERIES

Manufacture d'Aubusson

D'ÉPOQUE XVIII SIÈCLE

D'après les Cartons de LE PRINCE

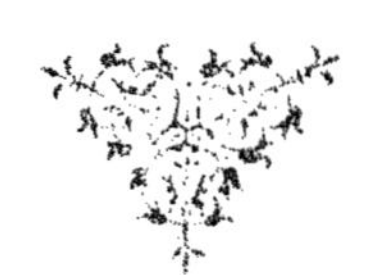

SEPT TRÈS BELLES TAPISSERIES

de la Manufacture d'Aubusson

D'ÉPOQUE XVIIIe SIÈCLE

A SUJETS CHINOIS

D'après les Cartons de LE PRINCE

CONDITIONS DE LA VENTE

Elle sera faite au comptant.

Les acquéreurs payeront *dix pour cent* en sus des prix d'adjudication.

Aucune réclamation ne sera admise une fois l'adjudication prononcée.

Paris. — Imp. Georges Petit, 12, rue Godot-de-Mauroi. — 15328-05.

CATALOGUE

SEPT TRÈS BELLES TAPISSERIES

DE LA

Manufacture d'Aubusson

D'ÉPOQUE XVIIIe SIÈCLE

A SUJETS CHINOIS

D'après les Cartons de LE PRINCE

Dépendant de la Succession de M. X***

ET DONT LA VENTE APRÈS DÉCÈS AURA LIEU

HOTEL DROUOT, SALLE N° II

Le Vendredi 5 Mai 1905

A QUATRE HEURES

Me LAIR-DUBREUIL	**M. A. LOYER**
COMMISSAIRE-PRISEUR	EXPERT
6, Rue de Hanovre, 6	*147, B^d Saint-Germain, 147*

EXPOSITIONS

Particulière : Le Jeudi 4 Mai, de 1 h. 1/2 à 6 h.

Publique : Le Vendredi 5 Mai (jour de la vente), de 1 h. 1/2 à 4 h.

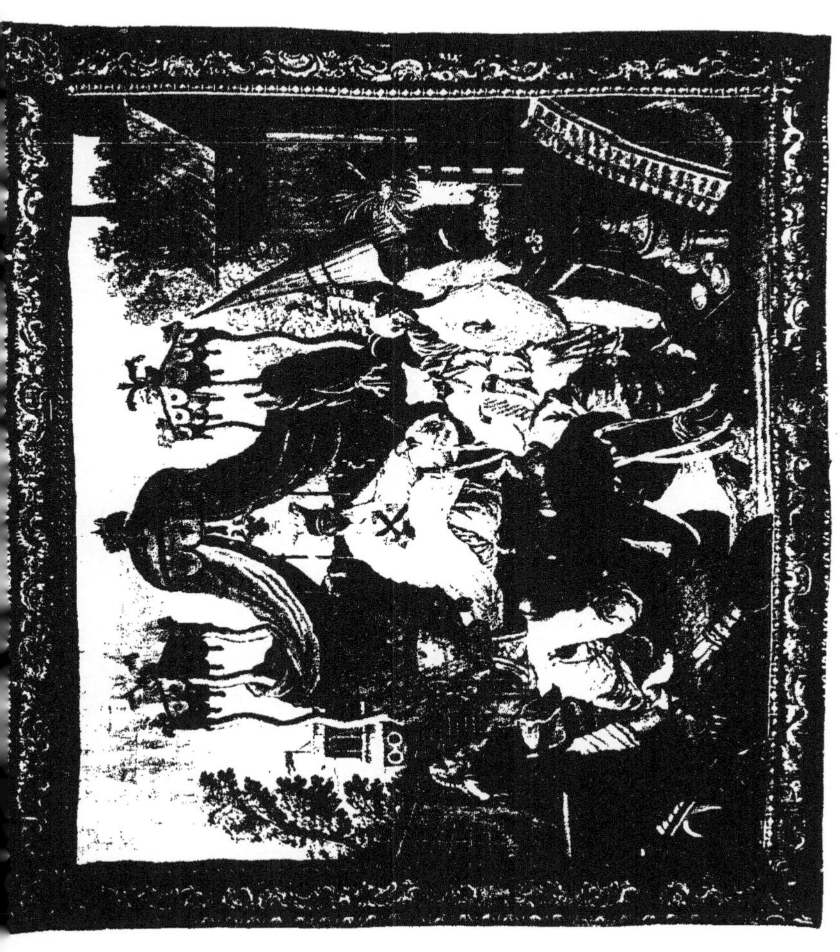

DÉSIGNATION

Suite de sept très belles Tapisseries de la Manufacture d'Aubusson du XVIIIe siècle, à sujets chinois, d'après les cartons de Le Prince.

Bordures à rocailles et bouquets de fleurs.

Elles représentent :

1° L'Audience impériale.

Assis sous un dais, l'Empereur reçoit les hommages de ses sujets agenouillés au pied du trône, pendant que deux mandarins, placés de chaque côté, lisent les requêtes qui lui sont présentées.

A droite, près d'une table drapée supportant des fleurs et un livre, une jeune femme, un garde et un domestique portant un parasol.

Composition de neuf figures.

Larg., 3 m. 03; haut., 2 m. 85.

2° Le Divertissement.

Dans un parc à fond de pagode, un groupe chorégraphique exécute une danse aux sons d'un orchestre chinois.

A gauche, assis sur un divan, abrité par une draperie, le monarque, accoudé sur un coussin et tenant un écran de la main gauche, semble se divertir au spectacle qui lui est offert.

Importante composition de quinze figures, d'une belle tonalité.

Larg., 4 m. 63; haut., 2 m. 75.

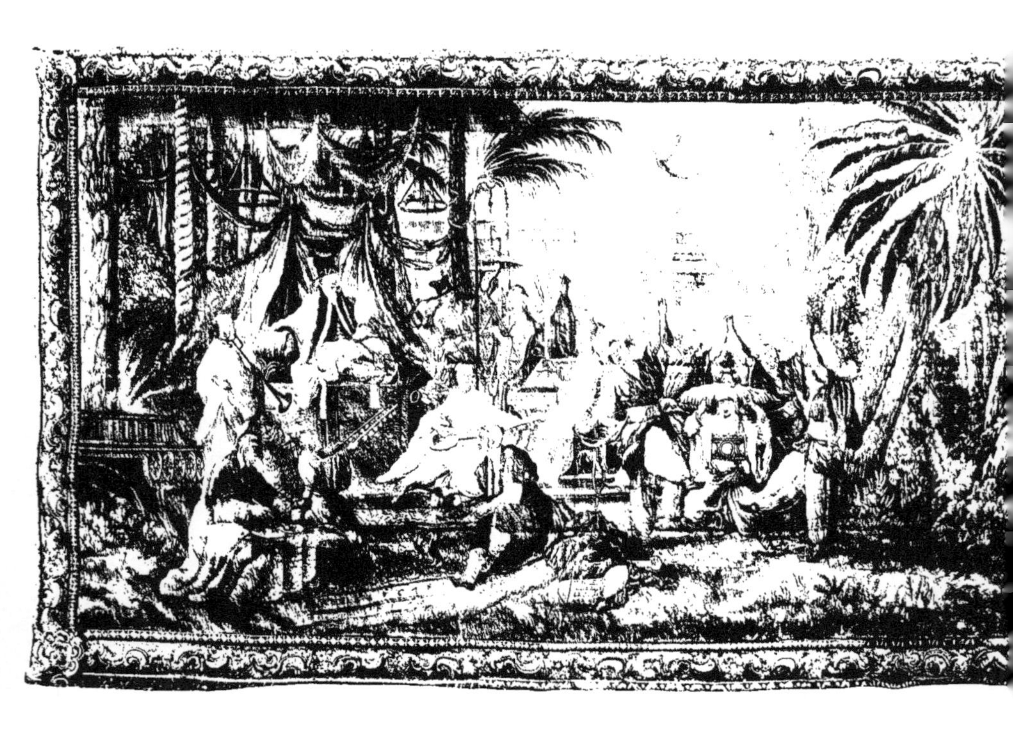

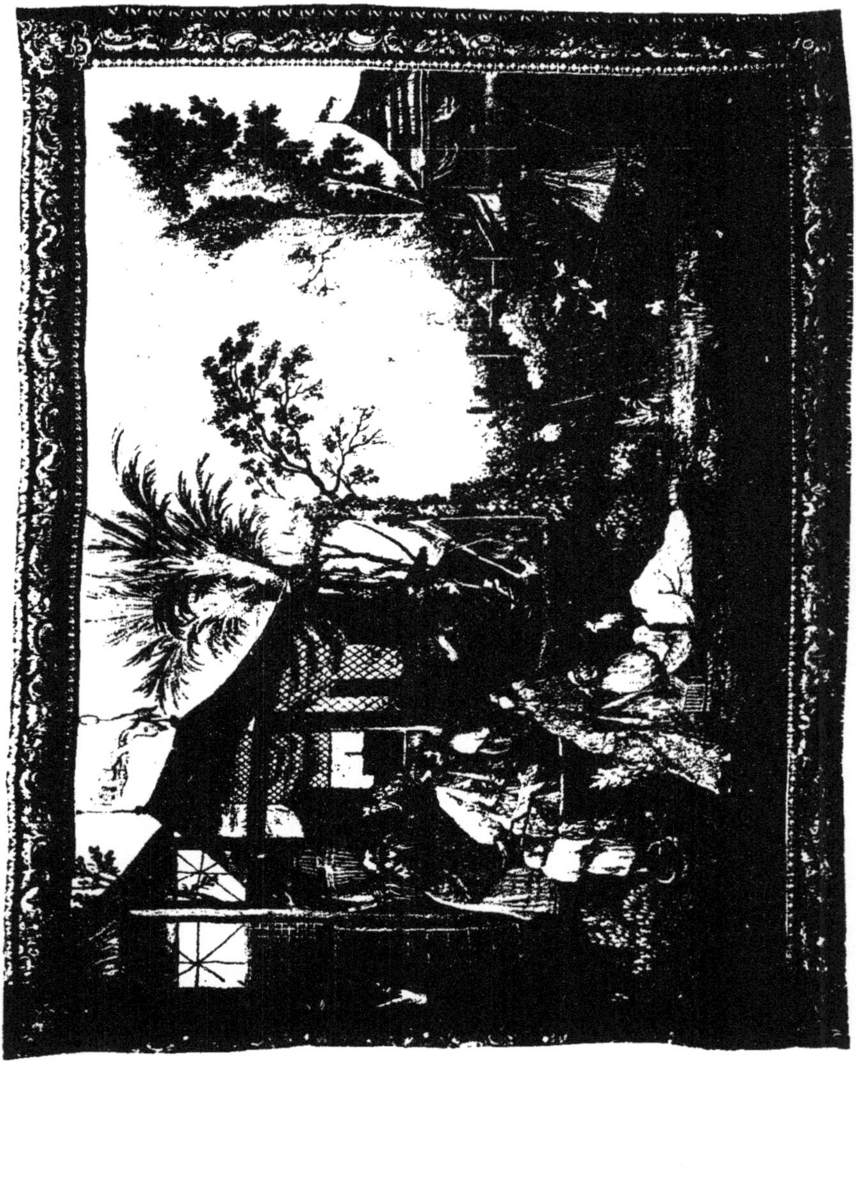

3" Les Oiseleurs.

A gauche, des personnages, près d'un kiosque grillagé, semblent faire choix des oiseaux qu'ils vont mettre en cage.

A droite, au premier plan, un filet tendu dans lequel viennent se prendre les volatiles ; plus loin, un chasseur, sur un pont de bois, tire un oiseau qu'on aperçoit dans l'espace.

Composition de neuf figures.

Larg., 3 m. 40 ; haut., 2 m. 80.

4° Le Marchand d'oiseaux.

Dans un paysage où des tentes sont dressées, une grande dame, accompagnée de serviteurs, remet au marchand le prix d'un oiseau qu'elle vient de choisir.

Sur le sol, des cages, des oiseaux, un arc et des flèches.

Composition de six figures d'une belle coloration.

Larg., 2 m. 23; haut., 2 m. 83.

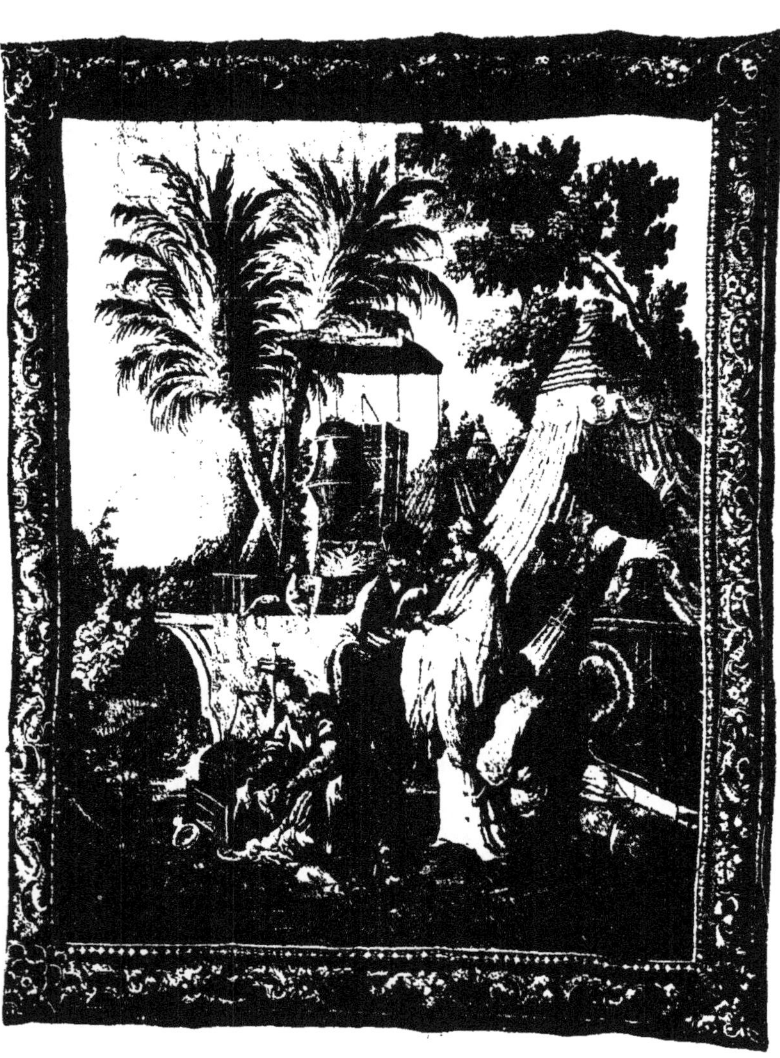

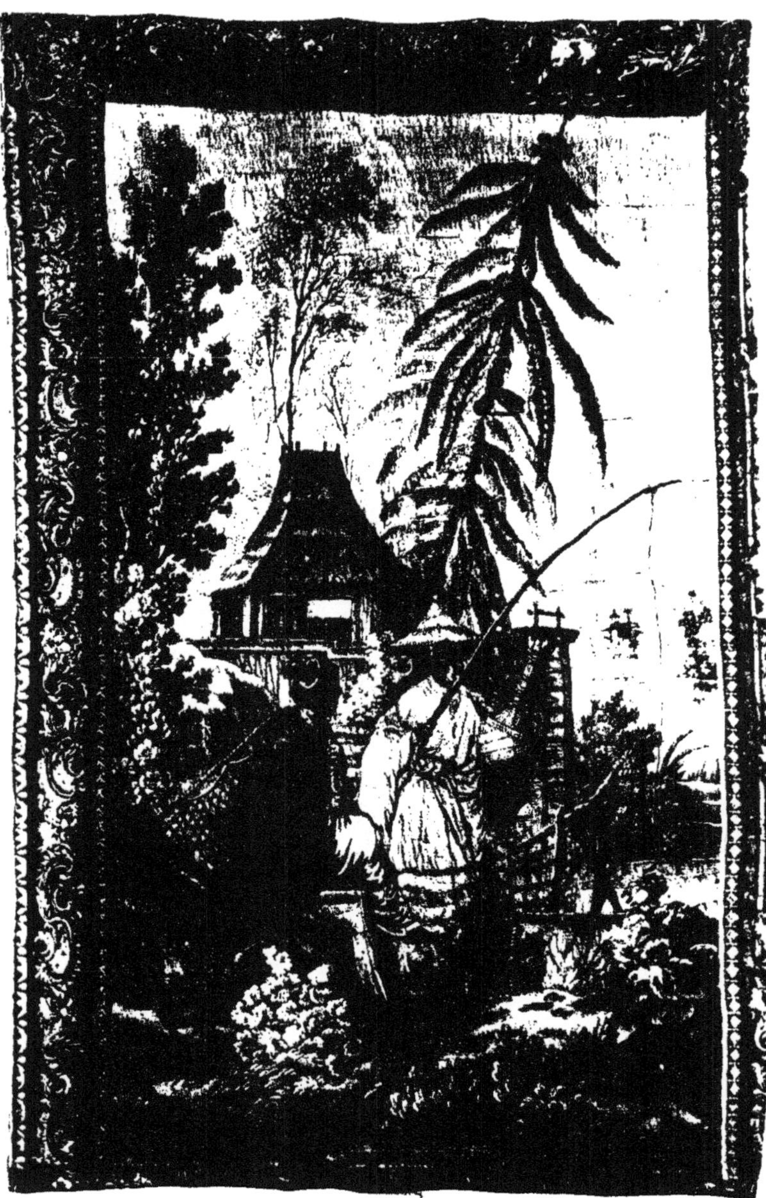

5° La Pêche.

Près d'un kiosque, dans un parc, une jeune femme en robe jaune jette sa ligne dans un étang, tout en causant avec un pêcheur portant ses filets et assis sur une balustrade.

Larg., 1 m. 67; haut., 2 m. 52.

6° La Chasse.

Un genou en terre, auprès d'un arbre, le chasseur vise, de son arc armé d'une flèche, l'oiseau qu'il cherche à atteindre.

A terre, un carquois: au second plan, une pagode.

Larg., 1 m. 26; haut, 2 m. 66.

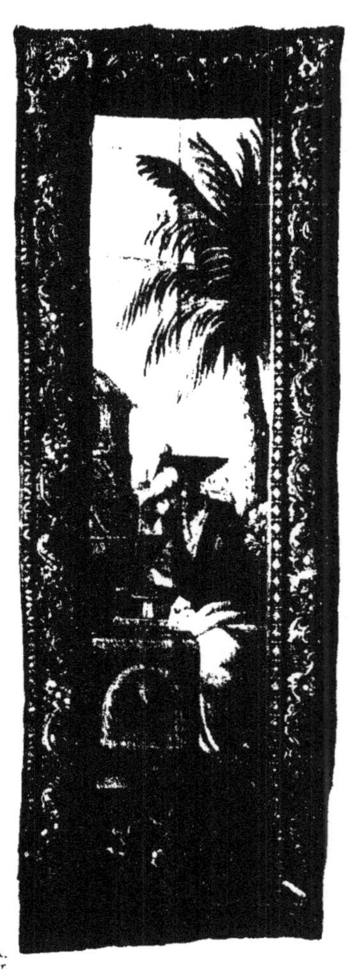

7º La Mouture du riz.

A l'ombre d'un grand palmier, auprès d'un monument, un personnage, vêtu de rouge et coiffé d'un grand chapeau en paille, tourne la manivelle d'un moulin qui laisse échapper la farine du riz qu'il vient de broyer.

Larg., 92 cent.; haut., 2 m. 62.

www.ingramcontent.com/pod-product-compliance
Ingram Content Group UK Ltd.
Pitfield, Milton Keynes, MK11 3LW, UK
UKHW031738170726
13836UKWH00002B/746